呀，**成语就是历史** 第**1**辑

秦汉 . 上 **2**

国潮童书 / 著　丁大亮 / 绘

台海出版社

目录

前面我们说到 "斩蛇起义" 的故事，
剧本给你们了，故事我就不讲了，

我要告诉你们的是成语

zhǎn	shé	zhú	lù
斩	蛇	逐	鹿

中的 "斩蛇" 就是指刘邦斩蛇的故事； "逐鹿" 是
用鹿来比喻统治地位，逐鹿就是追逐权势。"斩蛇
逐鹿" 比喻群雄角逐（jué zhú），争夺权势。

我们经常在古装电视剧里听到的成语

zhú	lù	zhōng	yuán
逐	鹿	中	原

跟它意思差不多。

刘邦把自己 "包装" 成了下凡的神仙，
人气 "噌噌（cēng）" 地往上涨。这让沛县的县令很发愁：
放他进城，百姓们会不会光听刘邦的，不听自己的了？

县令的担忧很有道理，但是他要杀害刘邦的朋友就不应该了。
刘邦的朋友之一萧（xiāo）何发觉了县令的坏心眼，
提前逃了出来。刘邦和他一商量，
打算从内部瓦解县令的阴谋。

老三说得有道理，我们去开门吧！

于是，百姓干掉县令，打开城门迎接刘邦进城。
县令没了，大家推举刘邦当县令。

还有这种送上门的好事？

刘邦当然愿意，但还是谦虚了一下。
他说现在的形势不太好，要是县令没选好，

就会 **一败涂地**。
yī bài tú dì

这个成语形容彻底失败，不可收拾。**你可以这样用：** 如果只贪图眼前的利益，盲目做事，最后有可能会一败涂地。

刘邦这么一推托，大家更加觉得他合适，
刘邦"只好"当了这个县令，被称作**"沛公"。**

后来，刘邦也投奔了楚怀王，从杂牌军变成了正规军。
他还立了不少战功，他的军队和项羽的军队
成了楚怀王手中的两张"王牌"。

再后来的事情你也知道了，
楚怀王想要拿下秦国的大本营关中，
跟刘邦、项羽定下 **"怀王之约"——**
谁先入关中，谁就是"关中王"！

在一腔豪气的项羽的衬托下，年长的刘邦显得更稳重，更值得信赖。**他的口碑和人气一时间暴涨，人才也纷纷来投奔他。**

据说，刘邦带着大军来到高阳时，

有一个六十多岁的老儒生想要投奔他，
请刘邦军中的骑兵老乡引荐。
骑兵老乡劝这位老儒生换个装扮再去，
因为刘邦不喜欢儒生，见到戴着儒生帽子的人，
会把他们的帽子拿下来，往里面撒尿（sā niào）。

可这位老儒生一点也没放在心上，直接去见刘邦了。

这个自称"高阳酒徒"的老儒生就是郦食其（lì yì jī）。

高阳酒徒
gāo yáng jiǔ tú

原本是郦食其专用的自称，后来泛指喜好饮酒且放纵（zòng）任性，不受约束的人。

这郦食其真不是普通的老头，挺狂！

好几拨起义军路过高阳，想拉他进自己的队伍，他都拒绝了。

可他偏偏看上了刘邦！

现在好不容易见到了，刘邦却对他很无礼，

郦食其转身就走，还说了一句让刘邦改变态度的话——

对人才这么没礼貌（mào），还想攻秦？

郦食其

刘邦

您别走！一看您就不是一般人，请指教！

刘邦变脸跟翻书一样快呀，

tǔ	bǔ	chuò	xǐ
吐	哺	辍	洗

秒变周公 吐哺辍洗。

这个成语跟前面说过的"周公吐哺""吐哺握发"意思一样。
比喻为招揽人才而操心忙碌。

刘邦赶紧请郦食其上坐，并就当前的形势问

马上轮到我们发言了，怎么办？

jì	jiāng	ān	chū
计	将	安	出

意思是如何制定计谋呢？

于是两人开始一番长谈。有了郦食其的帮助，
刘邦先攻下陈留，补充了粮草。之后他又遇到了张良，
在张良的劝说下拿下宛（wǎn）城，一路西进，最终来到咸阳。

这时候，项羽还在路上呢！

啊，好气派的咸阳，好华美的宫殿呀！

刘邦眼珠子都看直了，立马奔向皇宫……在皇宫里住了两天
"神仙"一样的日子，刘邦感觉人生已经到达了巅（diān）峰。
张良、萧何和樊哙却告诉他，

巅峰有时也是悬崖（yá）！

秦二世不就是这样玩乐而死的吗？再说项羽的四十万大军
正在赶来，你刘邦只有十万人，能挡得住？

还好，刘邦乐于接受别人的意见，

能做到 **从谏如流**。

cóng jiàn rú liú

这个成语指接受别人的规劝，像水向低处流那样顺畅自然。表示乐于接受别人的意见。**你可以这样用：** 我和姐姐给爸爸提意见，爸爸从谏如流。

我们先驻扎到灞上吧！

好！

三哥，咱们干脆回去当地主吧！

好！

樊哙

张良

刘邦

萧何

秦宫里的重要档（dàng）案资料我都收好了！

好！

刘邦赶紧离开秦宫，带着军队驻扎到了灞上。

然后,刘邦以"关中王"的身份把关中各县的父老、豪杰召集起来,和大家

"约法三章"后来泛指共同遵(zūn)守的规定。**比如,**你和爸爸约法三章,他每天都要和你一起玩半个小时篮球。

刘邦和百姓定下了三条简单的规矩:

一是杀人者要处死;二是伤人者要抵罪;三是盗窃者也要治罪。

刘邦还说,原来在秦朝有官职的,现在一切照旧,

大家可以 。

指秩序良好,百姓和原来一样安心居住、工作。我们现在常用的"**安居乐业**"跟它意思相近。

刘邦这一招确实高明,

每天都有百姓牵牛带羊来慰问,大家都希望刘邦当"关中王"。

可是，**项羽已经在来的路上了！**
项羽的实力可不是靠一点小聪明就能抵抗的！

有个成语叫 一 力 降 十 会，

yī lì xiáng shí huì

意思是一个力气大的人，可以战胜十个会武艺的人。比喻在绝对实力面前，一切计谋都是没用的。

刘邦不也是知道这一点，才从咸阳撤出来，驻扎灞上的吗？
项羽赶来后，他的四十万大军驻扎在鸿门，和灞上相距四十里。

威武！威武！

敢跟我抢！明天我就灭了他！

那我的救命恩人张良怎么办呀？我得通知他！

范增

项伯

项羽

韩信

项羽的叔父项伯偷偷跑到灞上，把项羽要来攻打刘邦的消息告诉了他的好朋友张良。张良知道后，

劝刘邦服软保命。

刘邦赶紧把项伯请到帐（zhàng）中，
"老哥"长"老哥"短地叫唤着，别提多热乎了。
没聊一会儿，他们竟然已经约定要做儿女亲家（qìng jia）了！

做了亲家就是一家人呀！

刘邦拉着"亲家"的手说，**一切都是误会，**
他哪敢做关中王，顶多是项羽的先锋部队罢了。
还说明天一早他就到鸿门当面跟项羽道歉（qiàn）。

刘邦的原话是：吾入关，秋毫不敢有所近，
籍吏民，封府库，而待将军。
这里有个成语

qiū háo wú fàn
秋毫无犯，

意思是丝毫不加侵（qīn）犯。形容军队纪律严明，不侵犯老百姓的利益。"秋毫"是鸟兽在秋天新长出的细毛，比喻非常纤（xiān）细的东西。

不过，刘邦的沟通力超强的，随便一聊，
就新添了项伯这个"**头号卧（wò）底**"！

宫里的东西我摸都没敢摸一下，都替项将军保管着呢！

刘邦

项伯

看来是误会了。放心，我去解释！

项伯连夜赶回去，把刘邦要亲自来道歉的事告诉项羽，
还帮刘邦说了很多好话。

第二天，刘邦心情忐忑地来到鸿门，
一见到项羽就赶紧赔礼道歉。项羽见刘邦这样，
心情大好，**请刘邦留下来吃饭。**

项羽这举动，把他的"亚父"范增都气坏了——

项羽呀，说好要除掉刘邦，
你怎么突然改剧情了？

开席后，范增几次暗示项羽赶快动手杀刘邦。

> 拿着块玉玦（jué）干什么？不明白。

范增

项羽

> 玉玦是一种形如环而有缺口的佩（pèi）玉。因为"玦"和"决"同音，古人常用"玉玦"表示决断或者决绝的意思。

啪！

看不懂暗示，那就来个节目吧！

范增叫来项羽的堂弟项庄，让他假装表演舞剑，趁机杀刘邦。项庄的剑一次次逼近刘邦，刘邦吓得直往后仰，
连声说"太近了，太近了"。

项伯看出来，这是

xiàng zhuāng wǔ jiàn
项庄舞剑，

yì zài pèi gōng
意在沛公 呀！

> 这个成语指表面上言语行为所表达的意思，并不是行为者真正的意图。

不妙！"亲家"有危险！

项伯连忙起身，假装和项庄表演**双人舞剑，**
实际上是用身体遮（zhē）挡刘邦，保护自己的"亲家"。

你来凑什么热闹呀！

我的剑也舞得不错呀！

项庄

项伯

刘邦

真是我的好"亲家"！

这顿饭可真不好吃，一不小心，命就没了！

张良看情形不对，赶紧到外面找樊哙。樊哙听了，
马上提着剑和盾闯进大帐。一进大帐，樊哙就给项羽一个"眼神杀"！

他愤怒地瞪（dèng）着项羽，眼角都瞪裂了，这就是

mù　zì　jìn　liè
目　眦　尽　裂。

"眦"指眼角。
这个成语的意思
是愤怒到极点。

项羽看到樊哙这么勇猛，还挺喜欢，
立刻叫人送上一桶酒和一个大猪腿。**樊哙太牛了！**
他吃了肉，喝了酒，乘着酒兴，
像放鞭（biān）炮一样噼（pī）里啪（pā）啦说了一大段话。

那一长串话的中心意思是说沛公

láo　kǔ　gōng　gāo

劳苦功高，

项羽却要杀沛公，太过分了。

成语"劳苦功高"指勤劳辛苦，功劳很大。

项王，你就说是不是吧？

一个大老粗，话还挺多！

樊哙

项羽

行了，我知道了！

节目都看完了，

这时候不跑，还等饭后甜点吗？
刘邦只恨没有脱身的借口！

等等，刚刚喝了不少酒水……
他马上假装要上厕（cè）所，跑出了宴会的大帐。
樊哙和张良也跟着跑出来了。

张良要刘邦快走，刘邦不敢走，有点犹豫（yóu yù），
樊哙说了个成语

rén	wéi	dāo	zǔ
人	为	刀	俎

wǒ	wéi	yú	ròu
我	为	鱼	肉

刘邦于是下定了逃跑的决心。

这个成语比喻生杀大权掌握在别人手里，自己处于被宰割（zǎi gē）的地位。"刀俎"是剁肉的刀和案板，指宰割的工具。

项羽

刘邦

在这个成语中，
樊哙把项羽比作刀和案板，
把刘邦比作鱼和肉。
刘邦如果不走，
就只能任凭项羽宰杀和欺辱，
没有任何反抗能力。

刘邦让张良留下来送礼和辞别，他带着樊哙等人抄小路跑回了灞上。

有惊无险，总算躲过一劫（jié）！

这顿吃得人小命都快丢了的饭，被称作

hóng　mén　yàn
鸿 门 宴。

现在，"鸿门宴"指不怀好意的宴请或别有动机的宴会。

鸿门宴也成为刘邦和项羽命运的**转折点**，**它是项羽最大的失误，却是刘邦最大的幸运！**

项王不行啊，连范增的话都不听……刚刚逃跑的刘邦倒是不错,和我一样能忍！

项羽

范增

韩信

就这样，刘邦丢了"关中王"的称号，却捡回了一条小命，**成了项羽的手下，**被封为**"汉王"。**

刘邦真能"忍"，为了向项羽表示自己没有野心，他不但老老实实地回到封地，

甚至连通向关中的栈（zhàn）道，都被他烧毁了！

先烧了，以后有机会回去的！

刘邦

烧

韩信

不过忍归忍，装归装，
一有机会刘邦就开始反攻。

后来，有了"军事天才"韩信的加入，
不到一年的时间，
刘邦就把关中夺了回来。

再后来，刘邦率领大军来到洛（luò）阳时，
当地一位很有名望的老人董（dǒng）公拦住他的车马，
哭着说义帝楚怀王被项羽杀死了，要他为义帝报仇。

这真是送上门的好理由！

出兵有正当的理由，就叫

shī chū yǒu míng
师 出 有 名。

泛指做事有正当理由。

为义帝报仇，这是正义之战！

刘邦

嗯，这个理由不错！

正义之路

董公

shī chū wú míng

师出无名

和"师出有名"意思相反，指出兵没有正当理由。泛指做某事没有正当理由。

刘邦立刻列举出项羽的罪名发布给各诸侯王，号召他们率兵讨伐项羽，为义帝报仇。

这样，刘邦和项羽的楚汉战争，就变成了刘邦讨伐项羽的正义之战！

不过项羽的实力不是吹的，**就凭刘邦还是打不赢呀！**
打了两三年，刘邦从来没赢过，逃跑开溜却特别在行。
但项羽就算打赢了也抓不到刘邦。

项羽没耐心玩"猫捉老鼠"的游戏了，
干脆摆出一张切肉用的案板，把刘邦的父亲绑（bǎng）在上面。

投降！不然我就煮了你爸！

项羽

刘邦

兄弟啊！咱俩是结拜过的，我爸就是你爸！煮好了记得分一碗（wǎn）汤给我！

刘邦是谈判高手呀！

让"绑匪"觉得被绑者没有用，**这回答太聪明了！**

成语 **分（fēn）一（yī）杯（bēi）羹（gēng）** 就是从这里来的。

比喻从别人那里分享一份利益。

"头号卧底"项伯又是一顿劝，说项羽要是这样做，**肯定会被大家的唾沫星子淹死。**项羽只能放弃杀刘邦爹的想法。

刘太公

没想到还能活着！

谈判失败，项羽主动放了刘太公。
但刘太公听了刘邦的话伤心得很，
对刘邦有些埋怨（mán yuàn）。

刘邦称帝后，把刘太公接到都城住。可他住不习惯，
总是想着家乡。刘邦为了让他开心，在都城附近仿照家乡
建造了一座城——**新丰。** 刘邦也算是很有孝心了！

成语 **鸡犬新丰**（jī quǎn xīn fēng）就是从这件事来的。

比喻虽在异乡，却感觉很亲切，就像在家乡一样快乐自在。

你儿子很孝顺呢，这可是一比一建造的！

刘太公

儿子还是爱我的呀！

楚汉之争最后的结果你也知道了，

我就不啰唆（luō suo）了。这时候刘邦已经五十四岁了，距离皇帝的宝座只有一步。

你以为刘邦急着当皇帝吗？

不，他不仅不急，反而更"谦虚"了。

大家请刘邦登基时，刘邦说自己只会说些空言虚语，
不是贤人，不能当皇帝。

kōng yán xū yǔ

空 言 虚 语 也是个成语，

指不实在的话语。

"不想称帝"这句是假话吧？

樊哙

张良

刘邦

萧何

嘿嘿，看破不说破！

在大家的再三请求下，刘邦才"为难"地表示答应当皇帝。

公元前 202 年，刘邦在山东定陶汜（sì）水
的北边举行登基大典，定国号为汉。
刘邦成为我国历史上第一个"草根"皇帝！

开始，刘邦想把东周的都城洛阳作为汉朝的都城，
还想跟周朝比气派。

但是有个叫娄（lóu）敬的小兵去边塞（biān sài）守卫，
经过洛阳时请求见刘邦，劝他在关中建都。
娄敬说，打了这么多年仗，

很多百姓因为战争

gān nǎo tú dì
肝 脑 涂 地，

经不起折腾（zhē teng）了。

"肝脑涂地"这个成语以前形容惨死，现在表示人竭（jié）
尽忠诚，甚至愿意牺牲生命。

汉朝刚建立，现在跟周朝比排场不合适。

陛下，您还没开始搞生产就想攀比啦？

娄敬

汉高祖

虽然娄敬只是一个小人物，
但刘邦觉得他说得很有道理，很真诚，
就采纳了娄敬的意见，定都长安，

取
cháng	zhì	jiǔ	ān
长	治	久	安
的意思。

这个成语是指社会治理得当，国家长久安定团结。

后来的史学家们总结，刘邦能得到天下，其中很重要的一个原因是他

zhī rén shàn rèn

知 人 善 任。

意思是善于认识人的品德和才能，并能合理地使用。

确实，**看看刘邦的"帮邦团"——**

谋士有张良，总管有萧何，打仗有韩信，说客有郦食其，连杀猪贩子樊哙、守城小兵娄敬都发挥了大作用呢！

4

"兵仙神帅"傲韩信

都说刘邦会用人，他能建立汉朝，三个小伙伴——

韩信、萧何、张良绝对是大功臣，
大家叫他们"汉初三杰"。

我们先来说说韩信——**唯一正面打赢项羽的大将！**

韩信可能是韩国贵族的后代，他从小熟读兵书，
想要做一番事业。**他还努力保持贵族的"骄傲"：**
家里再穷，哪怕连饭都吃不上，他也不下地干活，
整天拿本书，挂把剑，在街上晃荡。

肚子饿了，他就去亭长家蹭（cèng）饭吃。时间长了，亭长的老婆不让他蹭了，他只能去河边钓鱼。

还好，一个在水边漂洗（piǎo xǐ）的大娘看他可怜，**连着十来天给他带饭吃。**

谢谢您，我以后当了大官会报答您的！

韩信

不用了，你连自己都养不活，还报答我？我就是看你可怜。

唉，韩信有手有脚有力气，却不能

zì　shí　qí　lì
自 食 其 力，

真够丢脸的！

这个成语的意思是凭自己的劳动来养活自己。

更丢脸的事还在后面！

一天，街上的一个屠（tú）夫拦住了韩信，故意为难他。

你有种就拿剑杀了我，没种就从我的裤裆（dāng）底下钻过去！

咔嚓！

韩信

《孙子兵法》第某章第某节告诉我，这是考验。

于是，韩信开始钻裤裆……

承受这

kuà	xià	zhī	rǔ
胯	下	之	辱

！

这个成语的字面意思很好理解。后来指难以忘记的极大的耻（chǐ）辱。

他还真是个孬（nāo）种！

这杀猪的也太欺负人了！

装什么贵族后代！

穷小子真可怜！

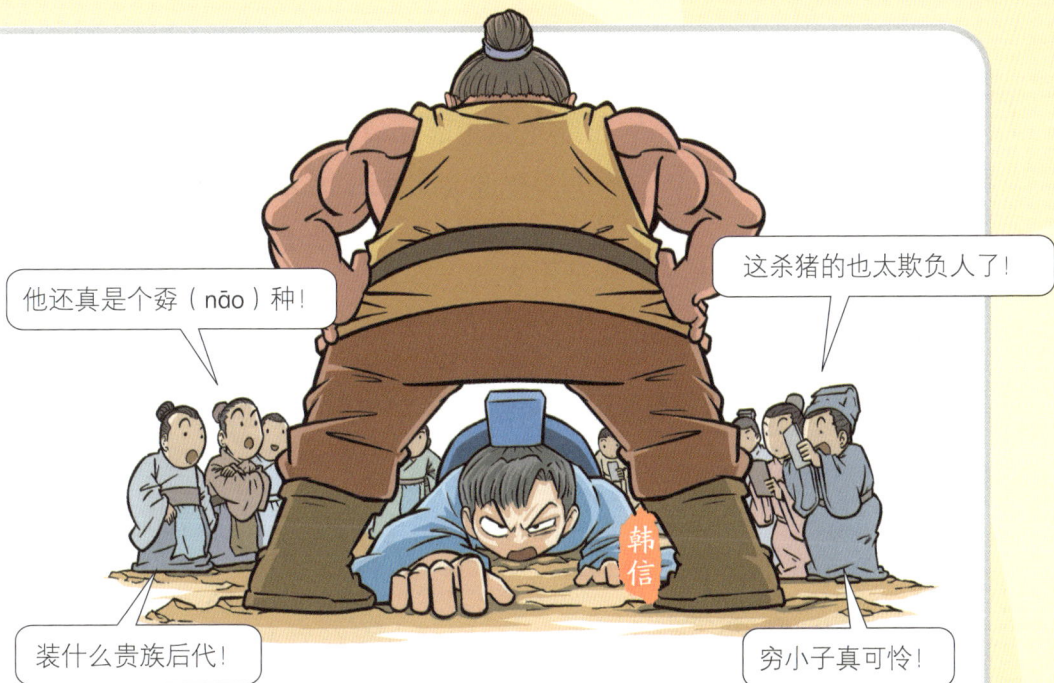

钻裤裆这种事，伤害性不大，侮辱性极强！

满街的人哈哈大笑，认为韩信就是个窝囊废（wō nang fèi）。

幸亏韩信后来成了了不起的人物，于是人们就用"胯下之辱"的故事来安慰和鼓励受了委屈的人。

欲成大树，莫与草争！

那个整天拿着把杀猪刀的屠夫怎么会了解韩信的隐忍是为什么呢？

néng qū néng shēn

大丈夫 **能 屈 能 伸，**

难道还受不了这一时之辱吗？

"能屈能伸"的意思是能弯曲也能伸展。指人在不得志的时候能忍耐，在得志的时候能施（shī）展才干、抱负。

你可以这样用：我从来都不知道他这么能屈能伸，别人都欺负到他头上了，他并不生气。

> 我的剑可不是用来杀猪的！

屠夫

韩信

后来，韩信当了项羽的执戟（jǐ）郎中，也就是警卫。
这个官不大，但是韩信能随时见到项羽，
有时还能说上话，出出主意。

只是，项羽怎么可能听得进一个小小警卫说的话呢？

鸿门宴上，看了项羽那些人的表现，
韩信彻底放弃了跟随项羽的想法，
转而投奔了刚刚当上汉王的刘邦。

好郁闷！ 到了刘邦的队伍里，韩信还是个小官，甚至连刘邦的面都见不上。一次，韩信事没做好，还触犯了法律，被判砍头。

糟糕（gāo），小命难保！

关键时刻，韩信一声大吼（hǒu）——

> 汉王还要不要打天下了？怎么连我这样的人才都要杀掉？！

韩信

刀下留人！

监（jiān）斩的是夏侯婴。听了这话，夏侯婴觉得韩信很不一般，不但免了他的死罪，**还成了他的第一个伯乐，**推荐他去管理粮仓。

小命捡回来了，那就好好干活吧！

韩信管粮仓很有一套，
还管出了一个成语——

tuī　chén　chū　xīn
推 陈 出 新。

意思是淘汰（táo tài）旧的，换新的。现在多指对旧文化进行分析批判，剔（tī）除它的糟粕（pò），吸取它的精华，创造新文化。**你可以这样用：**这家戏剧社不断推陈出新，使传统戏剧焕（huàn）发出新活力，连小朋友都很爱看呢！

蜀地潮湿，粮食容易坏。韩信在粮仓前后各开设一个门，

新粮从前门运进去，旧粮从后门运出来。

这样，粮食就不会因为积压而坏掉，造成浪费。

这个办法好！又省力又能解决问题！

萧何

韩信

前

方便面和风筝都是韩信发明的？

先说方便面吧！古时候人们打仗，会在扎营的地方埋锅造饭，因此打仗的双方能从烟火的大小、灶的多少来判断对方有多少兵力。孙膑（bìn）增兵减灶（zào）迷惑庞（páng）涓（juān）的故事，你们还没有忘吧？韩信不想让敌人通过灶台烟火估算自己的兵力。他率军攻打魏国时，为解决士兵吃饭的问题，让人将荞（qiáo）麦粉与小麦粉加水混在一起，煮成八成熟的大面饼，并切成宽条，做成麶（xué）面。这种面用开水一泡就能吃，非常快捷方便，为战争取得胜利发挥了重要作用。在关中方言中，"麶"是"转来转去"的意思。做麶面的每一个程序都有"麶"的动作，所以就叫麶面。麶面可以说是"中国最古老的方便面"。

再说风筝。在和项羽的决战——垓下之战中，韩信的军队把项羽和楚军团团围住。为了瓦解楚军的军心，韩信派人用牛皮制成风筝，上面绑着竹笛。晚上，他们把风筝放到高空中，风吹着笛子发出凄（qī）凉的声音，汉军和着笛声唱起楚国的民歌。楚国将士听到乡音，想起故乡和亲人，渐渐失去斗志。宋朝的《事物纪原》中还记载了韩信利用风筝测量距离的事。

你看，韩信既想出了"推陈出新"的办法，又发明了方便面和风筝，他确实是个"发明天才"！

韩信这个管理粮仓的好办法解决了让萧何头疼的问题，
他们俩成了朋友。萧何经常跟韩信聊天，很看重韩信。

可韩信想管的根本不是粮仓呀！

没干多久，韩信又觉得在这里没前途，就偷偷跑了。
萧何知道韩信有真本事，连夜把他追了回来并推荐给刘邦。

我发现了一个全国没有可以与他相比的人才——韩信。

刘邦

萧何

谁？没听说过！

咱们不是缺个能打仗的人吗？韩
信当了大将，肯定能打赢项羽！

刘邦

萧何

真的？那就让他当大将！

为了表示重视，弄个坛……

萧何

刘邦

为什么?

萧何说的"坛"大概是一个高高的台子，
跟燕昭王的**黄金台**差不多。韩信要是能在坛上
被刘邦任命为大将，会显得特别有面子，特别受尊重！
现在汉中市还有**"拜将坛"**这个景点呢！

这里有三个成语:

一国没有可以与之相比的人才，

用成语说就是

guó	shì	wú	shuāng
国	士	无	双

。

还有两个充满仪式感的成语：

zhù tán bài jiàng
筑 坛 拜 将 和 hán xìn dēng tán
韩 信 登 坛。

"筑坛拜将"的意思是指仰仗贤能。"韩信登坛"指被授予要职，委以重任。

萧何

他的派头比我还大！

韩信

刘邦

那也是您给的！

啊，梦想连招呼都不打就照进了现实！

不过登坛过后，韩信还是要补个面试。

历史上著名的"汉中对"来了！
刘邦作为"面试官"，他还没问什么呢，韩信就先开口了，而且一开口就**戳**（chuō）**中刘邦的痛点——**

汉王，您和项王谁更厉害？

西汉刘邦和韩信的"汉中对"，东汉刘秀和邓禹（yǔ）的"邺（yè）中对"，三国时期刘备和诸葛亮的"隆中对"被称为中国古代"三大对"。

韩信可不是故意找碴儿（chár），他是从这个问题开始，分析刘邦和项羽的优劣（liè）势。
韩信说，项羽勇猛，却不会用人，是匹夫之勇；
项羽对人态度好，却不能公平赏赐，

是 **妇人之仁**。
fù rén zhī rén

这个成语指妇女心肠很软，容易被打动。形容做事犹豫，给人一点小小的好处，却不能从大局考虑。

韩信接着说，项羽活埋二十多万秦军，火烧秦宫等一系列行为，**失去了人心。而刘邦不同，**他比项羽先进关中，对百姓特别爱护，受到了百姓的拥护。

哎呀，突然觉得自己很优秀呢！

看好你哟！

刘邦

韩信

这么说来，刘邦简直可以

chuán xí ér dìng
传檄而定！

这个成语比喻不用出兵，只用一篇文书就可以降服敌方，安定局势。"檄"是讨敌文书。形容声威很大，不战而胜。

给刘邦打完气，韩信又为他制定了夺取天下的策略。刘邦对韩信是越看越喜欢，总觉得遇到他太晚了！

之后，**在各种场合，各种时间，刘邦变着法子地对韩信好！**

这个鸡蛋烧得好，你多吃点！

好。

刘邦

韩信

这件衣服料了不错，你穿肯定好看！

韩信

刘邦

好。

哎呀，**你们俩真是君臣模范！**

成语 **解衣推食** 由此而来，
jiě yī tuī shí

意思是把穿着的衣服脱下来给别人穿，把正在吃的食物让给别人吃。原指对被器重的人热情关怀。形容对人关心而大方地给予恩惠（huì）。

下面，我们看韩信怎么帮刘邦夺天下吧！

听我的，三步足够了！

项羽

韩信

刘邦

靠你了！

韩信的策略不多不少，**正好三步！**

第一步，夺关中。

当时，汉军中有很多士兵想念家乡，每天都有人逃跑。韩信对刘邦说，现在发兵，士兵们想到可以打回家乡去，士气肯定高。

这就是 **及锋而试**。

jí fēng ér shì
及 锋 而 试

原指乘着士气高涨的时候出征，后比喻乘有利的时机行动。"及"是"乘"的意思；"锋"指锋利，比喻士气高昂；"试"是试用。**你可以这样用**：拔河比赛前，大家都憋（biē）着一口气，只等口哨（shào）一响就及锋而试。

刘邦觉得这话说得太有道理了，让韩信立刻率军出蜀地。

冲呀……呀……呀?

唉，没办法，先修路修桥吧！

动静这么大，驻守关中的章邯很快就发现了，但他并不在意，因为这个工程少说也得几个月才能完成。等汉军完工了，他再在栈道口守着，过来多少杀多少就得了。

哈哈，**这边是骗你的，陈仓那边才是真的！**

原来韩信一边假装修栈道迷惑章邯，

一边带着大部队抄小路从陈仓攻进咸阳。

这就是

míng	xiū	zhàn	dào
明	修	栈	道

àn	dù	chén	cāng
暗	度	陈	仓

的由来。

这个成语是说用明显的行动迷惑、麻痹（bì）对方，暗中采取另一种行动来达到某种目的。**你可以这样用：**哥哥跟我说他出门去拿快递，谁知道他"明修栈道，暗度陈仓"，跑去和朋友踢足球了！

第二步，平诸侯。

拿下关中后，韩信自己率领一队大军，请刘邦率领一队大军，分两路攻打各诸侯，并从两个方向包抄项羽，把项羽夹在中间。

项王，你也有当"馅儿"的一天呀！

那你走着瞧！

项羽

刘邦

韩信

看你们有没有这个本事了！

韩信先灭了魏国，再攻打赵国。

两军交战，赵国的二十万大军向河边的一万汉军杀来。

韩信让汉军背靠河水，列队摆阵。

由于面临大敌却没有退路，汉军只能拼死奋战。这就是

zhì	zhī	sǐ	dì	ér	hòu	shēng
置	之	死	地	而	后	生

！

这个成语原指作战时把军队置于不决战就会死的境地，士兵就会奋勇杀敌，取胜得生。后比喻事先断绝退路，就能下决心，取得成功。

这招你是偷学项羽的"破釜（fǔ）沉舟"吧！

用过的都说好！我加了点儿"料"！

韩信

招数是旧招，但韩信可是有专属成语

bīng	xiān	shén	shuài
兵	仙	神	帅

的用兵天才，并不是死拼！

他事先安排了两千骑兵，吩咐他们在赵军全体出动后，

去赵军大营

bá	qí	yì	zhì
拔	旗	易	帜

。

这个成语比喻推翻别人，自己占有。

韩信要士兵做的是把赵军的旗帜全换成汉军军旗。
这样，中场休息时，赵军回营看到旗帜都是敌军的，
会以为自己的大本营被攻陷了，
只能丢下兵器逃跑。

其实这才是关键动作！

韩信

死拼和智取都有， 怎么可能赢不了？！

韩信这漂亮的一战就叫

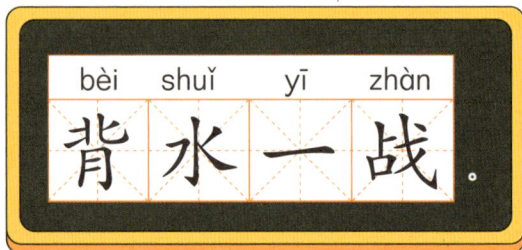

bèi shuǐ yī zhàn

背 水 一 战 。

意思是背靠河水，断绝自己的后路与敌人作战。后来指处于绝境之中，为求出路和敌人拼死决战。

从这一战就可见**韩信在领兵打仗上的本领有多高！**之后，韩信又收服了燕国和齐国。拿下四个诸侯国，功劳可大了！于是找刘邦要个"王"当当，不过分吧？

这可是他这辈子最大的心愿了！

好呀你个臭小子！翅膀硬了想单飞！

刘邦

刘邦正被项羽堵在荥（xíng）阳，窝囊着呢！
韩信不赶紧来救刘邦，还趁机要这要那的，不是添堵吗？
可现在这局势，谁又能对韩信说"不"呢？
于是刘邦咬牙封韩信当了齐王。

一时间，韩信的风头盖过了所有人。

连项羽都派使臣武涉去见韩信，希望韩信能够归顺自己。
要是韩信愿意反叛（pàn）刘邦，出来单干，
项羽愿意让韩信成为三分天下的王。这对项羽来说，
三方互打比二对一要好受一些。

韩信两个选择都不选！

他觉得自己和刘邦是

jīn	shí	zhī	jiāo
金	石	之	交

也就是说他们之间有像金石一样稳固的友情。

而且刘邦很听他的话，他出什么主意刘邦都采纳，
可以说对他

好的，都听你的！

yán	tīng	jì	cóng
言	听	计	从

，他不想叛变。

这个成语形容对某人十分信任、依从。**你可以这样用：**
爸爸对妈妈言听计从，家里的大事小事都是妈妈做主。

刘邦不讲信用的！他灭了项王，下一个就要灭你！

武涉

韩信

邦信 ♥

你不知道我们关系多好吗？

我站"邦信"搭档！希望你们永远不拆伙！

武涉劝说失败，走了。谋士蒯通来了！

还记得他吗？就是他给陈胜、吴广出主意，
起义军才能攻破固若金汤的城池。

他来干什么？劝韩信呀！

他一开口就说自己会看相，而且非常有把握，绝对不会出差错，

用成语来说就是

wàn	wú	yī	shī
万	无	一	失

。

然后蒯通就直奔主题，
劝韩信与刘邦、项羽三分天下，

dǐng	zú	zhī	shì
成 | 鼎 | 足 | 之 | 势 | 。

大部分的"鼎"是三只脚。成语"鼎足之势"
比喻三方面分立的局面。

**这样韩信就可以拥有足够的实力，
为百姓请命。**

"为百姓请命"后来变成成语

wèi	mín	qǐng	mìng
为	民	请	命	，

指替百姓请求减轻负担或解除困苦，保全生命。**比如，**他
说他以后要当记者，揭露不公平的事情，为民请命。

韩信

蒯通

三分天下，你就是人生赢家！

通

人生巅峰

我现在当齐王，不也挺好的吗？

蒯通又说，**韩信在刘邦手下已经没有上升空间了，**以后再立下功劳，

就是

gōng	gāo	zhèn	zhǔ
功	高	震	主

。

比喻臣子功劳太大，又不懂得掩盖自己的锋芒，会使君主受到威胁（xié），心里对其有所怀疑。

都当上诸侯王了，刘邦没有什么能赏赐给你了，怎么办呢？

功劳极大，无法赏赐，

用成语来说就是

gōng gāo bù shǎng
功 高 不 赏。

韩信有些犹豫，但还是觉得不能为了追求个人利益而背弃道义。

xiàng lì bèi yì
乡 利 倍 义。

这个意思可以总结为成语

这里解释一下字义。"乡"同"向"，趋向，追求的意思；"倍"同"背"，指违背。

蒯通还不放弃，他劝韩信尽快行动起来，毕竟

shí bù zài lái
时 不 再 来 呀！

这个成语的意思是时机错过就不会再来了。表示办事要抓紧时机。

就算韩信没打算背叛刘邦，可是被蒯通这么一顿说，他心里也不确定了。

要是能得到刘邦一个明明白白的承诺（nuò），
再写下来就好了。这样他就能放心了！

咱们还是签个承诺书吧！

你不信我了！

承诺书

韩信

刘邦

此时，楚汉之争已到了白热化的阶段。
刘邦答应韩信，打败项羽后给他大片的封地。

据民间传说，刘邦还给了韩信最需要的 **"免死"** 承诺——

"三不杀"：

天不杀韩信，君不杀韩信，铁不杀韩信。

意思是不能在天底下杀韩信，
不能在皇帝面前杀韩信，
不能用铁兵器杀韩信。

安心打项羽去吧！

刘邦

韩信

我就知道汉王对我最好了！

还有一种和"三不杀"类似的说法，叫"五不死"。
即"见天不死，见地不死，见君不死，没有捆（kǔn）
他的绳，没有杀他的刀"。

一切妥当，那就赶紧开始**第三步，打项羽吧！**

垓下之战，韩信大败项羽的事你们都知道了，我就不多说了。

我要告诉你们的是，**蒯通说的话后来都成真了！**
刘邦收拾完项羽，就开始琢（zuó）磨收拾韩信的事了。
汉朝一建立，刘邦不但收回了韩信的兵权，
而且把他的**齐王改成楚王，**让他回楚地。
韩信还挺高兴，他正好来个衣锦还乡！

韩信回到曾经生活的下邳（pī），把给他带过盒饭的大娘叫来，**送了她千金。**

于是就有了

yī	fàn	qiān	jīn
一	饭	千	金

这个成语。

比喻受别人一点点恩惠，都会重重地报答。

你看，他说要报答大娘，还真做到了！

有恩报恩，有仇也要报仇吧？

韩信会怎么报复那个让他受"胯下之辱"的屠夫呢？

楚王饶命啊！小人以前……

韩信

壮士，快起来，没有你哪有今天的我！

是的，韩信没有计较屠夫以前的作为，还让他当了军官。

这么看，韩信是个很有度量的人呢！

但韩信越是表现得好，刘邦越是觉得不安。

这时有人告状说韩信要造反。**好机会！**

刘邦假装去云梦泽巡视，把没有一丁点儿防备的韩信给绑了。

韩信这才反应过来：一切真像蒯通说的那样发展了！

他发出了"狡（jiǎo）兔死，良狗烹（pēng）；
高鸟尽，良弓藏；敌国破，谋臣亡。
天下已定，我固当烹"的感叹。

刘邦把韩信贬（biǎn）为淮阴侯，
留在长安，放在自己的眼皮底下看着。

重要的人当然要放在自己身边！

韩信

汉高祖

被降为"侯"，韩信感到很羞耻！

现在的他和那个杀猪的樊哙地位相同，
可以前樊哙是他的手下呢！

韩信觉得

xiū	yǔ	wéi	wǔ
羞	与	为	伍

意思是为跟自己看不起的人在一起而感到羞耻。

多吃点美食，可以缓解痛苦！

樊哙

韩信

美食抚慰不了我受伤的心灵！

一年之内，韩信从 **高峰** 掉到 **低谷**，

这滋味，好苦呀！

他 居 常 鞅 鞅，
jū cháng yāng yāng

也就是心里感到不平，对现状不满，常常很不快活。

韩信去找张良，和他一起整理先秦以来的兵书，用来排解郁闷。

这是中国历史上第一次大规模的兵书整理。

他还写了《兵法三篇》，可惜后来遗失了，没传下来。

韩信

兵书写得好，不如打仗打得好。我什么时候才可以再领兵打仗呢？

一次，刘邦请群臣进宫吃饭，看到韩信，发现他非常颓（tuí）废，**哪里还有以前的精气神？**
刘邦心里也不好过，就跟他聊天。没想到，一聊起带兵打仗的事，**韩信那股贵族的傲气马上就冒出来了。**

你看以我的才能，我能统率多少兵马？

只能统率十万。

那你呢？

汉高祖

我当然是越多越好，多少都能统领！

萧何

韩信

樊哙

这就是成语

duō　duō　yì　shàn
多　多　益　善 的由来。

"多多益善"形容一样东西或人越多越好。"益"是更加的意思；"善"就是好。比如，妈妈说，这种做家务的实践（jiàn）活动，真是多多益善。

瞧他狂傲的样子！难怪刘邦看他不顺眼了！

韩信没想到，刘邦不能杀他，刘邦的老婆吕雉可以呀！
吕雉趁着刘邦外出平乱，让萧何把韩信骗到宫里，
先用布袋把他套起来，悬挂在长乐宫的大钟下面，
让韩信往上看不见天，往下看不见地，
不用铁制的武器，而是用竹子
做的枪刺死了他。

我这样杀你，符合"三不杀"的所有条件！

韩信

见天见地见铁，三不杀

汉高后吕雉

你们这是玩文字游戏！耍赖！

zhōng shì zhī huò

这就是 钟室之祸。

后来人们用这个成语比喻功臣遭到忌（jì）恨被杀。

刘邦回来后知道韩信死了，又高兴又可惜。

不知道他还记不记得当初评价韩信的话？

"连百万之军，战必胜，攻必取，吾不如韩信。"

zhàn	bì	shèng
战	必	胜

gōng	bì	qǔ
攻	必	取

形容强大无比，可以战胜一切。也比喻做任何事情都能成功。

还可以说成

zhàn	wú	bù	shèng
战	无	不	胜

gōng	wú	bù	qǔ
攻	无	不	取

我配得上这个评价！

韩信

两千户

⑤

"幕后英雄"排第一

和在外勇猛作战，为刘邦打江山的韩信不同，

萧何连战场都没怎么上过。

但刘邦当了皇帝，

lùn　gōng　xíng　shǎng

论 功 行 赏

的时候，却说萧何的功劳最大，必须排第一。

成语"论功行赏"的意思是按功劳大小给予奖赏。

这"第一"我铁定给你！

萧何

汉高祖

那也要看大家的意见。

别以为这事跟"排排坐，吃果果"一样简单。

据说，大家争来争去争了一年多，也没把功劳排行榜（bǎng）排出来。刘邦说萧何功劳最大，**将军们特别不服气：**自己在战场上拼杀，难道不比躲在后方的萧何功劳大？

马在战场上流过的汗都比他多！

汉高祖

萧何

萧何又没有 | hàn | mǎ | gōng | láo
汗　马　功　劳，

现在他的地位却比别人高，凭什么？

"汗马"指战马奔驰出了汗。成语"汗马功劳"的意思是在战争中立下的功劳，也泛指在工作中做出的成绩。

那谁的功劳最大？

嘿嘿，将军们把衣服一脱，看谁身上的伤最多呗！

曹参将军身上有七十处伤，应排第一！

来来来，我们帮你数一数！

萧何

曹参

这里又不是澡堂，我不脱！

那么，看刘邦怎么反驳他们！

刘邦说大家都有功劳。将军们相当于追捕野兽的猎狗，**而萧何相当于猎人。**

成语 **功狗功人**（gōng gǒu gōng rén）就是这样来的。

"功狗"比喻立功的战将；"功人"比喻立功的军事指挥官。这个成语用来比喻立功的将士，可不是个贬义词！

他们是狗，你是人！

汉高祖

萧何

夸我就夸我，注意不要对别人造成伤害！

刘邦接着说：

猎人 发 踪 指 示，   当然比猎狗厉害了！

fā zōng zhǐ shì

这个成语的本义是放出猎狗，指示野兽所在的方向，让猎狗追捕野兽。后来比喻指挥、调度。

那些将军都被比喻成"猎狗"了，还发什么言？
不服也只能冲着萧何翻白眼了！

"幕后英雄"排第一，

确实是出人意料！

但你稍一想，其实也在**情理之中**呀！

萧何和刘邦是老乡，在沛县的时候，萧何还是刘邦的上级，比刘邦干得好多了。不过，萧何跟那个嫁女儿的吕公一样，一开始就看好刘邦，对他特别好。
刘邦去咸阳"出差（chāi）"那一回，
大部分人都给刘邦三百钱送行，萧何却给了五百钱。

哇，萧何多给的两百钱太值了！

看人准，这也不是随便谁都有的本事。

"**萧何月下追韩信**"的典故，
不也是萧何眼光好的证明吗？

那时候，韩信可是**半夜偷偷逃走**的。
萧何知道后，赶紧放下手头工作去追他。

据说，要不是**寒溪夜涨，**
韩信被波涛翻滚的河水挡住了去路，
萧何还真可能追不上呢！

萧何

别追了，不让我做大将我不回去！

韩信

危险请勿动模作仿

相信我，汉王要再不用你，我这官也不当了！

现在陕西省留坝县的马道镇还有一个著名的碑亭。亭内立了三块石碑：中间一块刻着"寒溪夜涨"四个大字；旁边一块刻着"汉相国萧何追韩信至此"；另一块上的字比较多，有些模糊，记载着"萧何月下追韩信"的故事。

去追韩信这事风险不小！

那段时间，汉军军营里的逃兵特别多，刘邦抓一个杀一个！
听说萧何也跑了，刘邦简直惊掉下巴——**这不可能吧！**

萧何跑了？不可能！不可能！

刘邦

啪!

当初项羽封刘邦做汉王，刘邦气得都想跟项羽拼了，是萧何劝刘邦，刘邦才沉下心，回到封地积蓄（xù）力量。

萧何是这样劝他的：

汉军人少，跟势头正猛的项羽打，结果只能是

bǎi zhàn bǎi bài

百 战 百 败。

成语"百战百败"的意思是每战必败。

让开，我要跟那个混小子干架！

老三，再冲咱们都得死了！

刘邦

萧何

⚠危险

和"百战百败"意思相反的成语是

bǎi zhàn bǎi shèng

百战百胜，

表示每次作战都能取得胜利。形容善于作战，谁也挡不住。
比如，玩躲避球游戏，他凭借着超强的反应和灵敏的动作躲过打来的球，几乎百战百胜。真是太厉害了！

被萧何泼了一盆冷水，刘邦也意识到汉军的力量确实太弱小了，他开始好好听萧何说话。

萧何的劝说真有水平！

他先告诉刘邦，
如果改变不了命运，就要接受命运的安排！

《周书》不都说了吗——**天予不取，反受其咎（jiù）。**
意思是上天给了你机会，你不积极抓住，
反而会因此招致祸殃（yāng）。

**所以，你就把当"汉王"当作
命运的安排，接受吧！**

你看天上那条河，它叫"天汉"呢！

哦，"汉"有"天子气"，是个好兆（zhào）头！

刘邦

萧何

看，萧何这联想能力挺丰富吧！

萧何见刘邦开心了，又说商汤、周武王都是先成为天子之下最强大的诸侯国国君，然后才统一天下的。

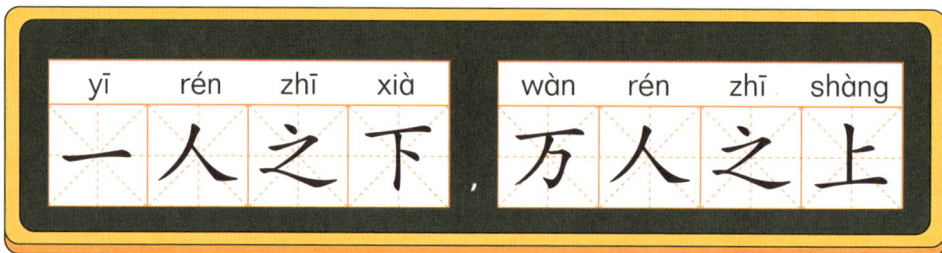

yī	rén	zhī	xià	wàn	rén	zhī	shàng
一	人	之	下	万	人	之	上

也不错呢！慢慢施展自己的抱负不就行了！

这个成语是指地位高、权势大的大臣。

再耐心等等。等机会来了，你不就可以……

一口把他吃掉！

萧何

刘邦

萧何这一说，

刘邦好像看到自己把项羽踩在脚底的那一刻了。

刘邦忍下了委屈来到蜀地。之后，萧何和刘邦积极备战。
每一件事，萧何都详细地跟刘邦汇报，
得到刘邦的批准后再开展，刘邦对他很满意。
如果遇到特别紧急的事情，来不及上报给刘邦，
萧何就根据具体情况

biàn	yí	xíng	shì
便	宜	行	事

先执行，等刘邦回来再做报告。

这么多未读消息……萧何
昨天又通宵(xiāo)工作了？

刘邦

"便宜行事"的意思是根据实际情况，自己决定适当的处理办法，不必请示。还可以写作**"便宜从事"**。**比如**，你们班的班主任要外出三天，他让班长便宜行事，当小老师，帮助他管理班级。

刘邦打天下要的人、粮、钱、武器……

有哪一样离得开萧何呀！ 对刘邦来说，

	rú	zuǒ	yòu	shǒu
萧何就	如	左	右	手 。

意思是像自己的左右手一样，指得力的助手，也形容两者关系密切或配合得很好。**你可以这样用：**对老师来说，班长如他的左右手，是他的好帮手。

guāng	gǎn	sī	lìng
光	杆	司	令

没有萧何，刘邦觉得自己就是个 光杆司令！

形容只有一个人或一方面力量，得不到外力援助的领导人。

萧何

来啦！

人！粮食！钱！武器！

刘邦

这下，你知道萧何在刘邦心里的分量了吧！

萧何追韩信回来后跟刘邦说，
他是去追韩信，
不是要逃走。

我不准你离开我！

刘邦

萧何

倒也不必这么紧张！

既然萧何没有走，那就什么都好说了！
给韩信搞个坛，拜个将都是简单的事。
所以说，没有萧何的举荐，韩信能登什么坛，成什么将呀！

"成也萧何" 真是一点没错！

作为推荐人，萧何是非常负责任的。

据说韩信立下大功被封齐王后，萧何担心韩信权力太大，
以后可能会变成分裂的祸端，就跑去和樊哙商量对策。
樊哙立马说萧何找他是找对人了！

项羽算什么！
干就是了！

樊哙

萧何

我到底是有多想不开，
才来找他商量……

樊哙说，当年他在鸿门宴上，把项羽都吓得

mù　dèng　kǒu　dāi

目 瞪 口 呆 呢！

这个成语你们常用，形容因吃惊、害怕或激动而发愣的样子。

接着，樊哙又说，**对付韩信还不简单，**
叫一两个人就可以把他

嗨哟！

yī　dāo　liǎng　duàn

一 刀 两 断 ！

意思是一刀把事物分成两个部分。形容坚决断绝关系，从此不再来往。

萧何看樊哙唾沫星子乱飞的样子，
生怕他一冲动会干出什么事来，就只好说，
算了算了，韩信现在对汉王还是有用的，以后再说吧！

以后怎么样，你都知道了。

汉朝建立后，吕雉找萧何商量怎么对付韩信，
并用萧何的名义把韩信骗进皇宫，上演了**钟室之祸。**

这就是"败也萧何"。

萧丞相，救我！

韩信

萧何

对不住了，韩老弟！

成语

chéng	yě	xiāo	hé
成	也	萧	何

bài	yě	xiāo	hé
败	也	萧	何

是民间对韩信一生的经典概括。

比喻事情的成功和失败都是由同一个人或同一事物造成的。

你可以这样用： 有着秤砣（tuó）般身材的他帮我们班赢了拔河比赛，但到接力赛中却严重拖了大家后腿。真是成也萧何，败也萧何呀！

除掉韩信，萧何又立了功。刘邦赏赐给萧何许多财宝，还升他为相国，加封五千户。**大家都觉得这是好事，** 正恭（gōng）喜他呢，没想到居然有人穿着丧服来向他吊丧（diào sāng）！

这个人名叫召平（shào píng），算是个隐士，平时萧何对他还不错。**这次他并不是来"砸场子"的，** 而是担心萧何被赏赐冲昏了头脑，特意来提醒他。

萧相国啊，你都快死了，还高兴什么呀！

召平

萧何

死？你太夸张了吧！

召平说，皇帝在外面冒着生命危险平乱，
而你萧何安稳地守在城里，不用遭受

shǐ	shí	zhī	nàn
矢	石	之	难

，还受了这么大的封赏。

这个成语的意思是在战争中经受的磨难。"矢石"就是箭和石，指作战的武器。

皇帝这是在试探他，看他会不会膨胀（péng zhàng）呢！

唉，皇帝心，海底针呀！

萧何听了召平的话，吓出一身冷汗，
赶紧把赏赐都捐（juān）给了军队。
刘邦打消了疑虑，
萧何躲过一劫！

萧何，我在天上等你来下棋哟！

韩信

萧何

好，好，好。时间还早，还早！

这 "一人之下，万人之上" 的生活，哪有那么好过！

刘邦总是有疑心： 萧何那么完美，声望又那么高，要是有外心造反，他的大汉分分钟要完呀！

唉，于是**萧何只好做些"贪污（wū）"之类的坏事，**让百姓到刘邦那里去告状，这才让刘邦彻底放心，他也平安地度过了晚年。

> 安心地跟我待在一条船上就不会有事！

汉高祖

萧何

民怨

刘邦是老糊涂了吧！ 萧何哪里是个贪财的人呢？
当初刘邦攻入咸阳后，大家都在抢粮食、财宝……
萧何却把秦朝的户籍、地形、法律等图书档案整理、收藏起来。
这些 "宝藏" 后来为刘邦征战起到了多大的作用呀！

萧何还在秦律的基础上，拟定了汉朝的《九章律》。
《九章律》对后世的法律产生了重大的影响。
汉以后各代王朝的律法大多以《九章律》为蓝本进行编写和修订。
这么说的话，萧何的功劳还真能称得上

wàn shì zhī gōng
万世之功，

那些只有**一时之功**的汉朝将军是不能和他相比的。

搞定啦！运行个千八百年没问题！

萧何

汉高祖

哇！好厉害！

萧何还是个"城市规划师"？

　　前面我们说过，秦都咸阳被项羽一把火烧光了。刘邦打下关中后，让萧何重建咸阳。他本来只是想着随便建一个能住人的宫殿就行。谁知他外出征讨回到咸阳后，被眼前的一幕惊呆了：那个巍峨（wēi é）的宫殿群是什么？刘邦气得不行，对萧何说："天下还没安定，我们苦战了这么多年，是成功是失败还不确定，你为什么要修建这么豪华的宫殿呢？"萧何没有因为刘邦生气而恐惧（jù），他这么做当然有他的道理。他说："正是因为天下没有安定，所有我才乘这个时机建宫殿。天子把四海当作自己的家，宫殿不壮观华丽，怎么能显示天子的尊贵和威严呢？这样也可以避免被后世的宫殿超过。"刘邦听了非常高兴。

　　宫殿群中最大的未央宫是在秦章台的基础上修建而成的，四周宽阔无比。未央宫建成后，刘邦和大臣们还在未央宫前殿摆设酒宴呢！值得一提的是，后来刘邦定都长安，萧何也是长安城最早的规划者和设计者。

这样看来，萧何心里真正装的是**天下的百姓。**

汉朝建立时，**全国上下简直像个破篓**（lǒu）**子：**
连年的战争使人口大减，田里都没人种粮食了。
百姓吃不饱，穿不暖，日子过得特别艰难。
于是萧何就制定了放养式的

yǔ	mín	xiū	xī
与	民	休	息

治国策略。

经历了秦朝冷酷到底、不折腾死你不罢休的政策，
再来感受像春风轻轻抚摸着你一样温暖的政策，
百姓能不高兴吗？大家安心种田织布，不造反，
汉朝的国力"噌噌"地往上涨。

萧何死后，**曹参当了相国。**

他觉得萧何的政策挺好，
自己不需要改变什么。

曹参就干脆啥也不干，
继续采用萧何制定的政策了。

成语 **萧规曹随**（xiāo guī cáo suí）就是这样来的。

比喻按照以前的人制定的规矩来办事。**你可以这样用：** 对于好的制度，我们可以萧规曹随，但是对不合适的制度，我们要勇于改进、创新。

一切都按以前的规矩办！

嗖嗖嗖~

文件

曹参

也正因为曹参不乱折腾，汉朝稳定发展，

百姓越过越有幸福感！

百姓还专门编了首"**画一之歌**"来称赞曹参和萧何。

表示明确一致的成语

jiào	ruò	huà	yī
较	若	画	一

就是这么来的。

萧何

萧何相国，我啥也没干，还跟你一起受称赞，真不好意思！

曹参

大家好才是真的好！

在汉朝，**曹参和萧何一起排第一，百姓估计都不会反对。**

要是有比萧何和曹参都厉害的人，那人们就会用成语

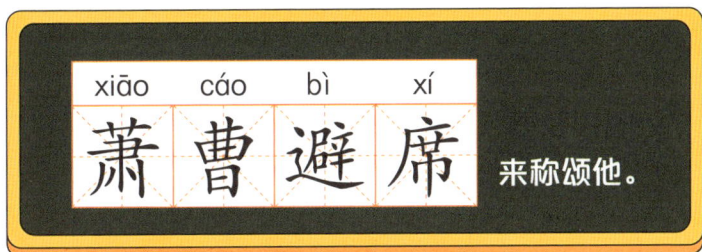

xiāo cáo bì xí
萧 曹 避 席

来称颂他。

这个成语的意思是连萧何、曹参都要对他产生敬佩的情感。比喻政治才能极大，超过前人。"避席"是起立离座，表示敬意。

等你哟！

加油，也许你就是那个让我们起身离座，表示敬意的人！

曹参

萧何

相国

未完待续……

福利时间

找呀找呀找朋友……
找到"好朋友"成语啦！
快来看看你有没有这样的"好朋友"！

情同手足　形影不离

肝胆相照　患难与共　患难之交

高山流水　生死之交　情深义重　气味相投　和衷共济

生死与共　亲密无间　一见如故　八拜之交　竹马之交

一人之交　称兄道弟　道义之交　视为知己　倾盖如故

高朋满座　亲如手足　芝兰之交　同甘共苦　志同道合

惺惺相惜（xīng）　携手并肩（xié）　休戚与共（qī）

君子之交淡如水　心照神交

古代令人羡慕的友情可多了：管仲和鲍叔牙的"管鲍之交"，
廉颇和蔺相如的"刎颈之交"……
请你和好朋友说一说，上面的成语中，含有"之交"两字的成语的意思。

参考书目

[1] 文天译注 . 史记 [M]. 北京：中华书局，2016.

[2] 缪文远，缪伟，罗永莲，译注 . 战国策 [M]. 北京：中华书局，2012.

[3] 〔宋〕袁枢撰，李志生等主编，宁欣分册主编，张秀荣译注 . 通鉴纪事本末 [M]. 杭州：浙江人民出版社，2019.

[4] 〔汉〕刘歆等撰，王根林校点 . 西京杂记（外五种）[M]. 上海：上海古籍出版社，2012.

[5] 钟基，李先银，王身钢，译注 . 古文观止 [M]. 北京：中华书局，2011.

[6] 张永雷，刘丛，译注 . 汉书 [M]. 北京：中华书局，2016.

[7] 马世年译注 . 新序 [M]. 北京：中华书局，2014.

[8] 陈芳译注 . 后汉书 [M]. 北京：中华书局，2016.

[9] 王世舜，王翠叶，译注 . 尚书 [M]. 北京：中华书局，2012.

[10] 叶蓓卿译注 . 列子 [M]. 北京：中华书局，2018.

[11] 黄怀信译注 . 大戴礼记译注 [M]. 上海：上海古籍出版社，2019.

[12] 陆玖译注 . 吕氏春秋 [M]. 北京：中华书局，2011.

[13] 郭丹，程小青，李彬源，译注 . 左传 [M]. 北京：中华书局，2012.

[14] 方勇，李波，译注 . 荀子 [M]. 北京：中华书局，2011.

[15] 〔清〕梁章钜辑，王承略，布吉帅点校 . 楹联丛话 楹联续话 [M]. 南京：凤凰出版社，2016.

[16] 姚察，姚思廉，撰 . 梁书 [M]. 北京：中华书局，2020.

[17] 汤漳平，王朝华，译注 . 老子 [M]. 北京：中华书局，2014.

[18] 胡平生，张萌，译注 . 礼记 [M]. 北京：中华书局，2017.

[19] 张仲清译注 . 越绝书 [M]. 北京：中华书局，2020.

[20] 陈曦译注 . 孙子兵法 [M]. 北京：中华书局，2011.

[21] 陈桐生译注 . 国语 [M]. 北京：中华书局，2013.

[22] 〔宋〕黄士毅编 . 朱子语类汇校 [M]. 上海：上海古籍出版社，2014.

[23] 《成语大辞典》编委会 . 成语大词典：彩色本 [M]. 北京：商务印书馆国际有限公司，2013.

图书在版编目（CIP）数据

呀，成语就是历史. 第 1 辑. 秦汉. 上. ② / 国潮童
书著 .-- 北京：台海出版社，2023.11
ISBN 978-7-5168-3651-4

Ⅰ. ①呀… Ⅱ. ①国… Ⅲ. ①汉语 - 成语 - 故事 - 少
儿读物 Ⅳ. ① H136.31-49

中国国家版本馆 CIP 数据核字 (2023) 第 184236 号

呀，成语就是历史 . 第 1 辑 . 秦汉 . 上 . ②

著　　者：国潮童书　　　　　　　　图画绘制：丁大亮
责任编辑：戴　晨

出版发行：台海出版社
地　　址：北京市东城区景山东街 20 号　　邮政编码：100009
电　　话：010-64041652（发行，邮购）
传　　真：010-84045799（总编室）
网　　址：www.taimeng.org.cn/thcbs/default.htm
E - mail: thcbs@126.com

经　　销：全国各地新华书店
印　　刷：天津海顺印业包装有限公司
本书如有破损、缺页、装订错误，请与本社联系调换

开　　本：710 毫米 ×1000 毫米　　　　1/16
字　　数：500 千字　　　　　　　　　印　张：63
版　　次：2023 年 11 月第 1 版　　　　印　次：2025 年 4 月第 3 次印刷
书　　号：ISBN 978-7-5168-3651-4
定　　价：300.00 元（全 10 册）